Grill-Fanatiker
Ein Mann, ein Grill, ein Drama

W0264802

Grillen – das ist nicht einfach nur Kochen im Freien. Es ist ein Ritual, eine Herausforderung, manchmal auch ein Kräftemessen mit den Elementen. Es geht um Glut, Hitze, Rauch und – seien wir ehrlich – oft auch um verbranntes Fleisch.

Egal, ob du ein eingefleischter Profi oder ein Einmal-im-Jahr-Griller bist – hier findest du witzige Geschichten, skurrile Weisheiten und Bilder, die zeigen, dass selbst das größte Grill-Desaster einen Platz im Buch der Legenden verdient.

Also: Zange in die Hand, Bier in die andere – und los geht's!

Inhaltsverzeichnis

Kapitel 1:

Der Fluch des ersten Steaks

Wo Glut ist, ist auch Chaos.

Es gibt einen heiligen Moment, den jeder Grill-Fanatiker kennt: Das erste Steak des Abends landet auf dem Rost. Die Erwartung ist riesig, die Vorfreude grenzenlos – und die Katastrophe vorprogrammiert.

Grill·König

Die Kohle des Verderbens

Es war ein lauer Sommerabend, und die Kohle glühte wie ein Vulkan. „Perfekte Hitze“, dachte ich und legte das erste Steak mit der Präzision eines Chirurgen auf den Grill. Der Duft von Fleisch in der Sommerluft war ein Versprechen auf einen perfekten Abend.

Doch dann: ein Funkenregen! Kaum hatte das Steak den Rost berührt, schossen Flammen in die Höhe, als hätte jemand Benzin nachgegossen. Innerhalb von Sekunden verwandelte sich mein Meisterwerk in ein Stück Holzkohle mit Grillmuster. Die Nachbarn warfen neugierige Blicke über den Zaun, sicher, dass ich für die freiwillige Feuerwehr probe.

Grill-Weisheit:

”

"Wer die Flammen beherrscht, regiert das Steak – oder ruiniert es."

Das unsichtbare Gewürz

„Das Geheimnis eines guten Steaks ist die Marinade“, hatte mein Grillmeister-Kumpel gesagt. Also griff ich zur Küchenschürze und mixtete mit der Hingabe eines Alchemisten eine Spezialmischung: Knoblauch, Senf, Honig, Paprika und ein Hauch von allem, was die Gewürzregale hergaben. Das Steak badete so lange in der Marinade, dass es fast weichgespült schien.

Doch als ich das Meisterwerk auf den Grill legte, entfaltete sich ein Duft, der die Luft dominierte. Ein Potpourri aus Senf und Knoblauch stieg auf, das so intensiv war, dass sogar die Wespen fluchtartig das Weite suchten. Geschmacklich war es ein Erlebnis, das meine Gäste höflich mit „interessant“ kommentierten.

Grill-Weisheit:

"Marinieren ist wie Malen: Manchmal wird es Kunst, manchmal ein Unfall."

Der Fluch des Steak-Wendens

Das Steak lag perfekt auf dem Grill, die Grillstreifen so gerade wie beim Instagram-Profi. Es war der Moment, in dem der Grillmeister sein Können unter Beweis stellt: das Wenden. Doch die Zange entschied sich für einen anderen Weg, und das Steak rutschte.

Mit einem eleganten Sprung landete es direkt im Sand unter dem Grill. Ich hob es triumphierend auf, klopfte es ab und sagte mit Stolz: „Sand ist doch fast wie Kräuterkruste.“ Meine Gäste waren weniger überzeugt.

Grill-Weisheit:

"Ein umgefallenes Steak ist wie ein gefallener Held – es verdient Respekt, aber besser isst man es nicht."

Rezeptidee:

Der Steak-Retter

Ein einfaches Rezept, um dein Steak zu retten, selbst wenn es daneben ging!

Zutaten:

- 1 Stück Steak (egal ob leicht verbrannt oder zu trocken)
- 1 Knoblauchzehe
- 2 EL Butter
- 1 TL Thymian (frisch oder getrocknet)
- 1 EL Zitronensaft
- Salz und Pfeffer

Anleitung:

1. Das Steak in dünne Streifen schneiden, die knusprigen Kanten sind erlaubt.
2. In einer Schüssel Olivenöl, Paprikapulver, Salz, Pfeffer, Honig und BBQ-Soße zu einer Marinade mischen.
3. Die Steakstreifen in der Marinade wälzen und anschließend kurz auf den Grill legen, bis sie leicht karamellisieren.
4. Servieren mit einem Lächeln und der Behauptung, „so war es geplant"!

Guten Appetit!

Kapitel 2:

Kohle, Gas und andere Katastrophen

Drei Wege – und alle führen ins Chaos.

Die Welt der Grillbegeisterten ist gespalten: Kohle, Gas oder Elektro? Jeder ist davon überzeugt, dass sein System das beste ist, als ob es keine anderen Möglichkeiten gäbe. Kohle-Liebhaber träumen vom rauchigen Geschmack. Gas-Anhänger mögen die einfache Kontrolle. Elektro-Fans verteidigen ihre Methode als "modern und sicher."

Die Kohlen-Krise

Der Abend war perfekt geplant: Freunde, Bier und die Kohle im Anzündkamin. Doch nach zwanzig Minuten war immer noch keine Glut in Sicht, nur ein trauriges Häufchen kalter Asche. Die Gäste begannen schon skeptisch zu fragen, ob der Grill überhaupt funktioniert. Ich griff zu drastischen Maßnahmen: Ein Föhn und ein Karton wurden meine Rettung.

Mit viel Geduld und etwas Rauch in den Augen begann die Kohle endlich zu glühen. Der Grillabend startete – allerdings erst, als die ersten Gäste schon hungrig auf die Chips losgegangen waren.

Grill-Weisheit:

"Die Glut ist wie die Liebe – man muss sie entfachen, aber nie zu viel pusten."

Der Gas-Schock

„Gas ist sicherer und einfacher“, sagte ich mir, als ich meinen neuen Gasgrill ausprobierte. Doch beim ersten Anzünden hörte ich ein lautes Zischen, gefolgt von einer gewaltigen Stichflamme. Meine Augenbrauen verabschiedeten sich, und der Schock stand mir ins Gesicht geschrieben.

Die Nachbarn schauten besorgt über den Zaun, einer fragte sogar, ob ich einen Pyrotechnik-Kurs besucht hätte. Lektion gelernt. Erst die Anleitung lesen, dann den Grill starten.

Grill-Weisheit:

"Mit Gas grillst du schneller – und brennst dir ebenso schnell die Augenbrauen weg."

Der schrottige Elektrogrill

Ich dachte, ein Elektrogrill wäre eine sichere Entscheidung: Kein Rauch, keine Flammen, einfach Stecker rein und los. Doch kaum hatte ich ihn eingeschaltet, begann das Drama. Der Grill summte vielversprechend, aber die Heizspirale blieb kalt. Ich zog den Stecker raus, prüfte die Sicherung und versuchte es erneut – ohne Erfolg.

Am Ende saßen wir ratlos am Tisch und improvisierten: belegte Brote und kalte Würstchen aus der Verpackung. Seitdem steht der Elektrogrill in der Ecke und ich verspreche mir jedes Mal: „Nie wieder ohne Glut und Feuer!“

Grill-Weisheit:

"Ein Elektrogrill bleibt kalt – genauso wie die Stimmung."

Rezeptidee:

Improvisierte Grillkartoffeln

Wenn der Grill nicht richtig zündet, aber die Glut langsam vor sich hin glimmt, ist dieses Rezept deine Rettung!

Zutaten:

- 4 mittelgroße Kartoffeln
- 2 EL Olivenöl
- 1 TL Rosmarin (frisch oder getrocknet)
- 1 TL Paprikapulver (edelsüß)
- 1 Knoblauchzehe (fein gehackt)
- Salz und Pfeffer

Anleitung:

1. Die Kartoffeln waschen und in Alufolie einwickeln.
2. Direkt in die Glut legen und etwa 30–40 Minuten garen lassen (je nach Hitze der Glut). Gelegentlich wenden.
3. Währenddessen das Olivenöl mit Rosmarin, Paprikapulver, Knoblauch, Salz und Pfeffer vermischen.
4. Die fertig gegarten Kartoffeln aus der Folie nehmen, halbieren und mit der gewürzten Öl-Mischung bestreichen.
5. Kurz auf den Grill legen, bis die Ränder knusprig sind. Servieren und genießen!

Guten Appetit!

Kapitel 3:

Würstchen-Wahnsinn

Sie sind klein, flink – und gefährlich.

Würstchen gehören zu jedem Grillabend wie Kohle und Bier. Doch wer denkt, dass sie die harmloseste Wahl sind, hat noch nie erlebt, wie ein Würstchen platzt, in Flammen aufgeht oder spektakulär vom Rost rollt. Sie sind die Ninja-Krieger des Grills – unberechenbar und immer für eine Überraschung gut.

Das platzende Biest

Ich hatte gerade die ersten Würstchen auf den Grill gelegt, als ich das vertraute Zischen hörte. "Perfekt!", dachte ich, doch das Schicksal hatte andere Pläne. Plötzlich gab es einen lauten Knall, und ein Würstchen explodierte wie eine Miniatur-Bombe. Fett spritzte überall hin, und die Gäste sprangen schreiend vom Tisch auf.

Der Rest des Abends bestand aus dem Versuch, die anderen Würstchen vorsichtig zu retten – diesmal ohne detonierende Überraschungen. Seitdem kenne ich die wahre Bedeutung von „explosivem Geschmack“.

Grill-Weisheit:

"Ein gutes Würstchen macht leise zisch – nicht boom."

Der Sprung ins Verderben

Das Würstchen lag perfekt in der Mitte des Rosts, bräunte langsam und verströmte einen köstlichen Duft. Doch dann geschah es: Beim Wenden mit der Zange entkam das Biest, rollte über die Kante des Grills und fiel direkt ins Feuer.

Ich versuchte noch, es mit der Zange zu retten, doch es war zu spät. Es zischte und verschwand in einer Flamme. Meine Gäste nannten es den „Mutigen Abgang“. Seitdem halte ich die Zange etwas fester.

Grill-Weisheit:

"Ein Würstchen auf dem Rost ist besser als eins in der Flamme."

Die verbrannte Legende

Ich hatte mich zu lange ablenken lassen – das kühle Bier war einfach zu verlockend. Als ich zum Grill zurückkam, sah ich den Schlamassel: Die Würstchen hatten sich in schwarze Mumien verwandelt. Meine Gäste taten, als wäre es kein Problem, doch ich konnte die Enttäuschung in ihren Augen sehen.

Am Ende wurden sie mutig probiert und als „extraknusprig“ bezeichnet. Meine Lektion: Bier immer griffbereit, aber nie die Würstchen aus den Augen verlieren.

Grill-Weisheit:

"Verbrannte Würstchen erzählen Geschichten – leider keine guten."

Rezeptidee:

Würstchen-Spieße Deluxe

Wenn die Würstchen ein Eigenleben entwickeln, halte sie unter Kontrolle – mit einem Spieß!

Zutaten:

- 4 Grillwürstchen (nach Wahl)
- 1 rote Paprika
- 1 gelbe Paprika
- 1 Zucchini
- 1 rote Zwiebel
- 2 EL Olivenöl
- 1 TL Paprikapulver
- 1 TL Kräuter der Provence
- Salz und Pfeffer

Anleitung:

1. Die Würstchen in mundgerechte Stücke schneiden.
2. Paprika, Zucchini und Zwiebel ebenfalls in große Würfel schneiden.
3. Die Zutaten abwechselnd auf Grillspieße stecken.
4. In einer Schüssel Olivenöl, Paprikapulver, Kräuter, Salz und Pfeffer vermischen und die Spieße damit großzügig einpinseln.
5. Die Spieße auf den Grill legen und von allen Seiten etwa 5–7 Minuten grillen, bis die Würstchen goldbraun und das Gemüse leicht gebräunt sind.
6. Mit einem Dip deiner Wahl servieren und genießen!

Guten Appetit!

Kapitel 4:

Die Zange der Schande

Ein Werkzeug, das mehr Macht hat, als man denkt.

Von kaputten Federn bis zu abenteuerlichen Alternativen wie Gabeln, Schraubenziehern oder bloßen Händen – die Zange kann Held oder Feind eines Grillmeisters sein. Und egal, wie gut das Steak brutzelt: Ohne die richtige Zange wird es nicht sicher auf dem Teller landen.

Der Griff ins Leere

Es sollte ein einfacher Handgriff sein: Die Wurst wenden, leicht und elegant. Doch als ich die Zange schloss, geschah nichts. Die Wurst blieb liegen, und die Zange rutschte daneben, als hätte sie ihren Lebenswillen verloren. Drei Versuche später lag die Wurst am Boden – und der Hund war schneller als ich.

Meine Gäste lachten sich kaputt, und ich schwor, nie wieder auf billiges Grillwerkzeug zu vertrauen. Seitdem hat die Zange einen Ehrenplatz: im Mülleimer.

Grill-Weisheit:

"Eine gute Zange greift zu – eine schlechte greift daneben."

Die Plastik-Katastrophe

Die Grillzange lag zu Hause – mein größter Fehler. Stattdessen griff ich zur einzigen Alternative: der Salatzange aus Plastik. Anfangs lief alles gut, doch dann fing das Plastik an zu schmelzen. Die Wurst rutschte, die Zange bog sich, und ich stand mit einem deformierten Haufen Kunststoff in der Hand.

Am Ende musste ich die Würstchen mit einem Löffel wenden. Die Gäste haben es mir bis heute nicht verziehen. Seitdem packe ich die Zange als Erstes ein.

Grill-Weisheit:

"

Plastik gehört nicht auf den Grill – und schon gar nicht als Werkzeug.

BBQ

Die Zange, die zu viel wollte

Ich hatte die perfekte Zange – robust, elegant und einfach zu bedienen. Doch an diesem Abend wollte sie offenbar mehr. Beim Wenden eines Steaks schnappte sie so fest zu, dass ich das Fleisch wie eine Peitsche durch die Luft schleuderte. Es flog im hohen Bogen und landete... direkt auf dem Kopf meines besten Freundes.

Das Steak war ruiniert, aber die Geschichte lebt weiter. Meine Zange hat jetzt den Spitznamen „Die Katapult-Klaue".

Grill-Weisheit:

"Mit der richtigen Zange wendest du alles – manchmal sogar deine Freundschaften."

Rezeptidee:

Zangen-Burger

Wenn die Zange nicht funktioniert, bau dir etwas, das sie in den Schatten stellt – einen Burger, der nichts mehr braucht!

Zutaten:

- 2 Burger-Patties (Rind, Hähnchen oder vegetarisch)
- 2 Burger-Brötchen
- 4 Scheiben Käse (z. B. Cheddar)
- 1 Tomate (in Scheiben geschnitten)
- 4 Blätter Salat
- 1 rote Zwiebel (in Ringe geschnitten)
- 2 EL BBQ-Soße
- 2 EL Mayonnaise
- 1 TL Senf

Anleitung:

1. Die Burger-Patties auf den Grill legen und von jeder Seite 4–5 Minuten grillen, bis sie durchgegart sind. Kurz vor Ende den Käse auf die Patties legen und leicht schmelzen lassen.
2. Die Burger-Brötchen halbieren und die Schnittflächen leicht auf dem Grill anrösten.
3. Die Unterseite der Brötchen mit Mayonnaise und Senf bestreichen. Mit Salat, Tomatenscheiben und Zwiebelringen belegen.
4. Die gegrillten Patties darauflegen, mit BBQ-Soße beträufeln und mit der oberen Brötchenhälfte abschließen.
5. Sofort servieren und genießen – ganz ohne Zangen-Debakel!

Guten Appetit!

Kapitel 5:

Die unerwarteten Gäste

Wespen, Nachbarn und die Schwiegermutter.

Kein Grillabend ist komplett ohne die berühmten unerwarteten Gäste. Ob es die Schwärme von Wespen sind, die das Fleisch belagern, der Nachbar, der plötzlich mit einem leeren Teller auftaucht, oder die Schwiegermutter mit ihren unfehlbaren „Tipps“ – sie alle sorgen dafür, dass der BBQ-Abend unvergesslich bleibt.

Die Schwiegermutter und das Steak

„Ach, das Steak ist aber trocken“, sagte sie, noch bevor sie überhaupt probiert hatte. Meine Schwiegermutter, die Meisterin des subtilen Kritik-Dialogs, fand natürlich sofort etwas auszusetzen. „Vielleicht wäre es besser gewesen, es vorher ein bisschen zu marinieren?“

Ich lächelte gequält, während ich innerlich die Grillzange fest umklammerte. Das nächste Steak bekam eine Extraportion Marinade – und einen halben Liter Bier zur „Abschreckung“. Es half nichts. Seitdem lautet mein Mantra: Schwiegermütter sind wie Rauch – man muss lernen, damit zu leben.

Grill-Weisheit:

"Schwiegermütter sind wie Kohle – sie brennen nie so, wie du willst."

Der Nachbar mit dem leeren Teller

Ich hatte gerade das erste Steak auf den Teller gelegt, als mein Nachbar plötzlich wie aus dem Nichts erschien. Mit einem breiten Grinsen und einem leeren Teller in der Hand sagte er: „Oh, das riecht aber lecker! Ich dachte, ich schau mal vorbei.“

Natürlich konnte ich nicht nein sagen, also bekam er mein bestes Steak – das ich für mich reserviert hatte. Während er zufrieden aß, blieb mir nur der Trost eines angebrannten Würstchens. Seitdem grille ich immer ein Extra-Steak, nur für den Fall, dass er wieder auftaucht.

Grill-Weisheit:

"Ein guter Nachbar riecht dein BBQ – und bringt nie etwas mit."

Die Wespen-Attacke

Es war der perfekte Abend: Der Grill lief auf Hochtouren, das Fleisch duftete köstlich, und die Gäste waren zufrieden. Doch plötzlich tauchten sie auf – ein ganzer Schwarm Wespen. Sie stürzten sich auf die Marinade, als hätten sie seit Wochen nichts mehr gegessen.

Meine Verteidigung? Ein Handtuch und panisches Wedeln. Es sah aus wie ein schlechter Zirkus-Act, während die Wespen mich systematisch ausmanövrierten. Am Ende hatte ich mehr auf den Boden geworfen als auf die Teller gebracht – die Wespen waren die klaren Gewinner.

Grill-Weisheit:

"Wer das BBQ beherrscht, fürchtet nichts – außer Wespen."

Rezeptidee:

Die unerwarteten Gäste

Wenn Nachbarn oder Schwiegermutter plötzlich auftauchen, brauchst du etwas, das schnell und beeindruckend geht!

Zutaten (für 4 Päckchen):

- 4 Stücke Alufolie
- 4 kleine Hähnchenbrustfilets oder Fischfilets (z. B. Lachs)
- 1 Zucchini (in dünne Scheiben geschnitten)
- 1 rote Paprika (in Streifen geschnitten)
- 1 Knoblauchzehe (fein gehackt)
- 4 EL Olivenöl
- 1 TL Zitronensaft
- 1 TL Kräuter der Provence
- Salz und Pfeffer

Anleitung:

1. Alufolie auslegen, ein Filet darauf platzieren und Gemüse sowie Knoblauch um das Filet legen.
2. Olivenöl, Zitronensaft, Kräuter, Salz und Pfeffer vermischen und über die Zutaten gießen.
3. Alufolie zu Päckchen verschließen und sicherstellen, dass sie dicht sind.
4. Päckchen bei mittlerer Hitze 10–15 Minuten auf den Grill legen.
5. Direkt auf dem Teller servieren – Überraschungseffekt garantiert!

Guten Appetit!

Kapitel 6:

Feuer und Flamme

Wenn der Grillabend zur Feuershow wird.

Grillen und Feuer – eine Liebesgeschichte, die immer mal wieder aus dem Ruder läuft. Während kleine Flammen dem Fleisch das gewisse Etwas verleihen, enden größere oft in Drama und Asche.

Hier geht es um die Kunst, das Feuer zu kontrollieren – oder auch nicht. Denn manchmal zeigt der Grill, wer wirklich das Sagen hat: Die Flammen.

Der Fettbrand des Jahrhunderts

Es begann harmlos: Ein paar Würstchen, ein Steak – und ein bisschen Fett, das tropfte. Doch plötzlich schossen die Flammen hoch, als hätte ich einen Liter Benzin ins Feuer gekippt. Die Hitze war so intensiv, dass ich meine Augenbrauen nur knapp retten konnte.

Meine Löschversuche mit Bier brachten eher Rauch als Erfolg, und die Gäste standen in sicherer Entfernung und filmten das „Spektakel“. Am Ende gab es verkohlte Würstchen und ein Video, das beim nächsten Grillabend garantiert wieder gezeigt wird.

Grill-Weisheit:

"Ein Fettbrand sorgt für Hitze – und für Geschichten, die nie vergessen werden."

Das Feuerzeug-Fiasko

Der Grill wollte nicht zünden, also griff ich zum Feuerzeug. Doch der Wind war stärker, und mein erster Versuch endete damit, dass ich mir fast die Finger verbrannte. Frustriert suchte ich nach einem Anzündkamin, der natürlich unauffindbar war.

Am Ende musste ich improvisieren: Ein paar Papierfetzen, eine Kerze und jede Menge Geduld. Als die Flammen endlich loderten, war ich mehr geräuchert als das Fleisch. Lektion gelernt: Zündmittel sind keine Verhandlungsmasse.

Grill-Weisheit:

"Ein Grill ohne Anzünder ist wie ein Auto ohne Benzin – eine Geduldsprobe."

Der Pyro-Profi im Garten

Es sollte ein schneller Start sein: Kohle, Anzünder, ein Streichholz. Doch das Ergebnis war eine Feuershow, die jeden Zirkus neidisch gemacht hätte. Die Flammen waren so hoch, dass der Nachbar rüberrief: „Brennt da was?“.

Während ich panisch versuchte, die Glut zu kontrollieren, stand mein bester Freund grinsend daneben und meinte nur: „Nächstes Mal machen wir Stockbrot.“ Die Würstchen wurden gerettet, aber die Glut bleibt ein Mahnmal meiner pyrotechnischen Ambitionen.

Grill-Weisheit:

"Wer mit Feuer spielt, sollte zumindest eine Schürze tragen."

Rezeptidee:

Flammende BBQ-Spieße

Ein Rezept für die perfekte Balance zwischen Hitze und Geschmack – ohne Fettbrände!

Zutaten (für 4 Spieße):

- 400 g Hähnchenbrust (in Würfel geschnitten)
- 1 rote Paprika (in Stücke geschnitten)
- 1 gelbe Paprika (in Stücke geschnitten)
- 1 Zucchini (in dicke Scheiben geschnitten)
- 2 EL BBQ-Soße
- 1 EL Honig
- 1 TL Paprikapulver (edelsüß)
- Salz und Pfeffer

Anleitung:

1. Hähnchenwürfel, Paprika und Zucchini abwechselnd auf Spieße stecken.
2. In einer Schüssel BBQ-Soße, Honig, Paprikapulver, Salz und Pfeffer vermischen.
3. Die Spieße mit der Soße einpinseln und auf den Grill legen.
4. Bei mittlerer Hitze 10–12 Minuten grillen, dabei regelmäßig wenden und erneut mit der Soße bestreichen.
5. Servieren, solange sie heiß und saftig sind – und die Flammen in Zaum halten!

Guten Appetit!

Kapitel 7:

Sauce Wars: Die ewige Schlacht

Hier geht’s um die Wurst – und was draufkommt.

Ketchup oder BBQ-Sauce? Oder doch Senf? Die Auswahl an Grillsoßen ist so riesig, dass sie die einfachste Entscheidung in ein strategisches Schlachtfeld verwandelt. Während die einen auf rauchig-süß stehen, bevorzugen andere scharf und feurig – und dann gibt es die, die alles gleichzeitig auf den Teller packen.

SENF!
SHARP
KETCHUP
BBQ

Der Ketchup-Krieg

Ich hatte gerade ein perfekt gegrilltes Steak serviert, als der Streit losging. „Ketchup gehört auf alles!“, rief mein Cousin, während mein bester Freund empört entgegnete: „Das ist ein Verbrechen gegen die Grillkunst!“ Innerhalb von Sekunden hatte ich eine hitzige Diskussion am Tisch, während ich versuchte, mein Steak vor den streitenden Parteien zu retten.

Am Ende beschlossen sie, „neutral“ zu bleiben – mit einem Mix aus beiden Soßen. Das Ergebnis? Ein fragwürdiger Geschmack und die Erkenntnis, dass manche Kämpfe einfach nicht zu gewinnen sind.

Grill-Weisheit:

"Über Soßen streiten ist wie über Wetter reden – sinnlos, aber unvermeidlich."

Die scharfe Überraschung

„Probier mal meine neue scharfe Soße, die haut richtig rein!“, sagte mein Kollege, während er großzügig auf die Würstchen spritzte. Mutig probierte ich, ohne zu ahnen, dass die Schärfe einer Vulkanausbruch-Skala entsprach. Es dauerte drei Sekunden, bis mein Gesicht rot anlief und ich um Wasser flehte.

Meine Gäste fanden es köstlich – nicht die Soße, sondern meine Reaktion. Die restliche Flasche wurde als „Waffe“ erklärt und sicher im Kühlschrank verstaut.

Grill-Weisheit:

"Wer scharfe Soße will, sollte vorher die Feuerwehr anrufen."

EXTRA
HOT

Die Senf-Rebellion

Es war ein ruhiger Grillabend, bis einer meiner Freunde den ultimativen Senf mitbrachte. „Der passt zu allem!“, rief er begeistert, während er jedes Stück Fleisch großzügig bestrich. Die ersten Bissen waren okay, aber dann kam der Nachgeschmack – und der war alles andere als angenehm.

Die Gäste lästerten leise über die „mutige Entscheidung“, und der Senf wurde unauffällig unter den Tisch geschoben. Seitdem bleibt der Tisch rein von Experimenten – zumindest, wenn dieser Freund dabei ist.

Grill-Weisheit:

"Senf ist wie ein guter Witz – nicht jeder versteht ihn."

Rezeptidee:

Allround-Grillsoße

Egal, ob BBQ-Fan, Ketchup-Liebhaber oder Senf-Fan – diese Soße überzeugt alle!

Zutaten:

- 200 ml Ketchup
- 2 EL Honig
- 1 EL Senf (mittelscharf)
- 1 TL Worcestersoße
- 1 Knoblauchzehe (fein gehackt)
- 1 TL Paprikapulver (edelsüß)
- 1 Prise Chili (optional)
- Salz und Pfeffer

Anleitung:

1. Alle Zutaten in einen kleinen Topf geben und gut verrühren.
2. Die Mischung bei mittlerer Hitze etwa 5 Minuten köcheln lassen, bis sie leicht eindickt.
3. Mit Salz, Pfeffer und Chili abschmecken.
4. Die Soße in eine Schüssel geben und entweder warm oder kalt zu Fleisch, Gemüse oder Würstchen servieren.

Guten Appetit!

Kapitel 8:

Das geheimnisvolle Gemüse

Grillen ist für Fleisch – oder doch nicht?

Für echte Grill-Fanatiker gibt es nichts, was ein saftiges Steak oder eine knackige Wurst schlagen könnte. Doch dann tauchen sie auf: die Gemüseliebhaber. Plötzlich liegen Zucchinischeiben, Paprika und sogar Pilze auf dem Rost. „Es ist gesund und lecker!“, sagen sie. Aber für den Grillmeister beginnt eine völlig neue Herausforderung.

Der Zucchini-Zirkus

„Einfach wenden, das ist kinderleicht!“, sagte mein Nachbar und überließ mir die Zucchini. Was er nicht erwähnte: Diese kleinen Scheiben sind glitschiger als ein nasser Fisch. Beim ersten Versuch flog eine Scheibe in hohem Bogen vom Grill, die zweite fiel durch das Rost direkt in die Kohle.

Am Ende waren drei von zwanzig Scheiben essbar – und ich hatte ein neues Ziel: Nie wieder Gemüse ohne Grillkorb!

Grill-Weisheit:

"Zucchini grillen ist wie jonglieren – nur ohne Applaus."

DAS GEHT NOCH BESSER!

Der Tofu-Tanz

„Tofu grillen ist total einfach“, sagte meine Schwester, als sie ein großes Stück marinierte Würfel auf den Grill legte. Doch was niemand sagte: Tofu klebt. Nach fünf Minuten war die Hälfte des Blocks am Rost festgeschweißt, während der Rest in der Kohle landete.

Der Hund war begeistert, meine Schwester weniger. Seitdem gibt es Tofu nur noch in der Pfanne – fernab vom Grill.

Grill-Weisheit:

"Tofu grillen ist wie Sudoku – die Lösung bleibt ein Rätsel."

Die Paprika-Panik

Paprikascheiben – sie sehen harmlos aus, doch ich lernte es auf die harte Tour. Kaum lagen sie auf dem Grill, begann der Kampf. Die Schalen begannen zu schrumpfen, das Innere verwandelte sich in Lava, und beim Versuch, sie zu wenden, rutschte die Hälfte ins Feuer.

Die Gäste versicherten mir, dass „etwas Rauch“ Geschmack verleiht. Aber ehrlich? Ich bleibe beim Steak.

Grill-Weisheit:

"Paprika grillen ist wie Schach – ein falscher Zug, und alles ist verloren."

Rezeptidee:

Mediterrane Gemüse-päckchen

Einfach, lecker und perfekt für Gemüsefans – direkt auf dem Grill zubereitet!

Zutaten (für 4 Päckchen):

- 1 Zucchini (in Scheiben)
- 1 Aubergine (in Würfel)
- 1 rote Paprika (in Streifen)
- 1 rote Zwiebel (in Ringe)
- 2 EL Olivenöl
- 1 TL Kräuter der Provence
- 1 Knoblauchzehe (fein gehackt)
- 1 TL Zitronensaft
- Salz und Pfeffer

Anleitung:

1. Alufolie auslegen und das geschnittene Gemüse darauf verteilen.
2. Olivenöl, Zitronensaft, Kräuter, Knoblauch, Salz und Pfeffer mischen und über das Gemüse geben.
3. Alufolie zu Päckchen verschließen und darauf achten, dass sie dicht sind.
4. Die Päckchen auf den Grill legen und bei mittlerer Hitze ca. 10–12 Minuten garen.
5. Direkt im Päckchen servieren – gesund und lecker!

Guten Appetit!

Kapitel 9:

Grillen bei schlechtem Wetter

Kein Wetter hält einen echten Grillmeister auf.

Echte Grillmeister lassen sich von nichts stoppen – nicht einmal von Mutter Natur. Egal, ob ein plötzlicher Wolkenbruch, stürmischer Wind oder unerwarteter Schnee: Der Grill wird angeschmissen, koste es, was es wolle. Doch so mutig dieser Plan klingt, die Realität bringt oft mehr Chaos als Genuss.

Grillen im Schnee

Es war Winter, und ich wollte beweisen, dass Grillen keine Saison kennt. Mit dicker Jacke und Schal bewaffnet, stellte ich den Grill in den verschneiten Garten. Doch was niemand mir gesagt hatte: Kohle zündet langsamer, wenn es eisig ist, und Fleisch friert schneller, als es gar wird.

Nach einer Stunde hatte ich kalte Finger, kaltes Fleisch und heiße Wut. Die Gäste? Sie saßen drinnen am Kamin – und lachten über meinen Mut.

Grill-Weisheit:

"Schnee ist wie Salz – nur weniger lecker."

Windstärke BBQ

„Ein bisschen Wind hat noch niemanden aufgehalten“, dachte ich, als ich den Grill anzündete. Doch der Sturm sah das anders: Der Wind wehte nicht nur den Deckel vom Grill, sondern auch die Gewürze vom Tisch und die Servietten in den Nachbargarten.

Am Ende hielten wir den Grill mit Steinen fest, aber die Würstchen rollten trotzdem ständig über den Rost. Die Gäste nannten es einen „windigen Erfolg“. Ich nenne es: eine Katastrophe.

Grill-Weisheit:

"Wind grillt nichts – aber er würzt alles mit Sand."

Der Regen, der alles löschte

Der Abend begann vielversprechend: ein wolkenloser Himmel, die Kohle glühte, und die Würstchen lagen bereit. Doch innerhalb von Minuten zog ein Gewitter auf, und der Regen prasselte so heftig, dass mein Grill eher an ein Dampfbad erinnerte. Ich hielt den Schirm über den Grill, doch die Kohle war nicht zu retten.

Am Ende gab es kalte Würstchen und nasse Gäste. Der einzige Gewinner des Abends war der Hund, der das heruntergefallene Steak fand.

Grill-Weisheit:

"Regen macht die Würstchen nass – und den Grillmeister geduldig."

Rezeptidee:

Sturmfeste Grillkäse-Sandwiches

Ein Rezept, das selbst Wind und Wetter trotzt – einfach zuzubereiten und immer ein Erfolg!

Zutaten (für 4 Sandwiches):

- 8 Scheiben Weißbrot oder Sauerteigbrot
- 4 Scheiben Cheddar oder Gouda
- 4 EL Butter (weich)
- 1 TL Paprikapulver
- 1 TL Kräuter der Provence
- Salz und Pfeffer

Anleitung:

1. Eine Seite jeder Brotscheibe mit Butter bestreichen.
2. Paprikapulver, Kräuter, Salz und Pfeffer über die Butter streuen.
3. Jeweils eine Scheibe Käse zwischen zwei Brotscheiben legen, die Butterseite nach außen.
4. Die Sandwiches bei mittlerer Hitze auf den Grill legen und von beiden Seiten je 3–4 Minuten grillen, bis das Brot knusprig und der Käse geschmolzen ist.
5. Warm servieren – perfekt für regnerische Grillabende!

Guten Appetit!

Kapitel 10:

Die Regeln des BBQ

Am Grill gelten eigene Gesetze.

Es gibt keine offiziellen Grillgesetze, aber jeder echte BBQ-Fan kennt sie: Die ungeschriebenen Regeln des Grillens. Von der heiligen Zange, die niemand außer dem Grillmeister anfassen darf, bis hin zur goldenen Regel, dass ein Bier immer griffbereit sein muss. Doch manchmal wird gegen diese Gesetze verstoßen – mit chaotischen und oft urkomischen Folgen.

NUR DER
GRILL
MEISTER
WENDET!

Das Bier-Dilemma

Ein Grillabend ohne Bier ist wie ein Grill ohne Kohle – undenkbar. Doch an diesem Abend vergaß ich das Wichtigste: Nachschub. Als die erste Flasche leer war, griff ich zur nächsten – nur um festzustellen, dass es keine mehr gab. Die Stimmung kippte, und der Grill schien plötzlich doppelt so heiß.

Am Ende musste ich meinen Nachbarn bestechen, uns eine Kiste zu leihen. Lektion gelernt: Bier ist nicht einfach nur ein Getränk, es ist die Seele eines Grillabends.

Grill-Weisheit:

"Ein voller Grill braucht ein volles Bier – immer."

Beer

Das letzte Stück Fleisch

Es gibt einen Moment, der die Grillgemeinde spaltet: das letzte Stück Fleisch auf dem Teller. Niemand will es nehmen, aber alle haben ein Auge darauf. An diesem Abend eskalierte die Situation. Zwei Gäste stritten sich leise, während ich vorschlug, es zu teilen. Doch das führte nur zu noch mehr Diskussionen, und schließlich entschied der Hund die Sache, indem er sich das Stück schnappte.

Die Moral der Geschichte? Das letzte Stück gehört immer dem Schnellsten – oder dem Hund.

Grill-Weisheit:

"Das letzte Stück Fleisch ist wie ein Schatz – und jeder Pirat will es haben."

Die Zange gehört mir!

Es gibt eine goldene Regel beim Grillen: Die Zange gehört dem Grillmeister. Doch an diesem Abend ignorierte ein übereifriger Gast diese Regel und griff ohne zu fragen zur Zange. „Ich helfe mal kurz!“, rief er, bevor er ein Würstchen in die Kohle katapultierte und ein Steak ungewollt halbierte.

Der Rest des Abends bestand aus passiv-aggressiven Kommentaren und einem neu eingeführten Schild am Grill: „Hände weg von der Zange!“

Grill-Weisheit:

"Wer die Zange stiehlt, stiehlt den Respekt."

Rezeptidee:

Der Respekt-Burger

Ein Burger, der jeder Grillregel gerecht wird – simpel, aber unwiderstehlich!

Zutaten (für 4 Burger):

- 4 Burger-Brötchen
- 4 Rindfleisch-Patties (je ca. 150 g)
- 4 Scheiben Cheddar
- 1 Tomate (in Scheiben)
- 4 Blätter Salat
- 4 EL BBQ-Soße
- 1 EL Mayonnaise
- 1 TL Senf
- Salz und Pfeffer

Anleitung:

1. Die Burger-Patties auf den Grill legen und von jeder Seite ca. 4 Minuten grillen. Kurz vor Ende eine Scheibe Cheddar auf jedes Patty legen und leicht schmelzen lassen.
2. Die Brötchen halbieren und die Schnittflächen kurz auf dem Grill anrösten.
3. Die unteren Hälften der Brötchen mit BBQ-Soße bestreichen, dann Salat und Tomaten drauflegen.
4. Die gegrillten Patties drauflegen und mit einem Mix aus Mayonnaise und Senf abschließen. Mit der oberen Brötchenhälfte zudecken.
5. Warm servieren – und die Zange immer beim Grillmeister lassen!

Guten Appetit!

Kapitel 11:

Das Dessert-Desaster

Von gegrilltem Obst und anderen fragwürdigen Ideen.

Grillen ist für Fleisch und Gemüse gemacht – so die Meinung vieler Grill-Puristen. Doch dann kommt jemand mit der Idee, ein Dessert auf den Grill zu werfen: Bananen, Ananas oder gar Marshmallows. Was sich nach einer kreativen Erweiterung anhört, wird schnell zur klebrigen Katastrophe, die den Rost nie wieder sauber macht.

Die brennende Banane

„Du wickelst sie einfach in Alufolie und legst sie auf den Grill“, sagte mein Freund und reichte mir eine Banane. Was er nicht sagte: Man muss sie rechtzeitig wenden. Zehn Minuten später züngelten Flammen aus der Folie, und die Banane verwandelte sich in etwas, das wie Lavagestein aussah.

Die Gäste fanden es lustig, bis ich vorschlug, sie trotzdem zu probieren. Der Geschmack? Eine Mischung aus Kohle und Frust. Seitdem gibt es bei uns Desserts nur noch kalt.

Grill-Weisheit:

"Gegrillte Banane – der Albtraum jedes Feinschmeckers."

Die Marshmallow-Misere

„Marshmallows grillen ist kinderleicht“, dachte ich – bis ich es selbst ausprobierte. Der erste Marshmallow fiel durch das Rost, der zweite brannte schneller, als ich schauen konnte, und der dritte klebte an der Zange. Nach fünf Versuchen hatte ich eine schwarze, klebrige Masse, die eher an einen Science-Fiction-Schleim erinnerte.

Die Kinder fanden es trotzdem toll – vor allem, weil sie das Chaos live miterlebten. Ich? Ich wischte zwei Stunden den Rost ab.

Grill-Weisheit:

"Marshmallows grillen erfordert Fingerspitzengefühl – und einen guten Reiniger für den Rost."

MARSHMALLOWS

Die Ananas-Explosion

„Gegrillte Ananas ist das Beste!“, schwärmte mein Nachbar, als er ein paar Scheiben auf den Rost legte. Doch was er nicht bedachte: Die Ananas war voller Saft, der sich in der heißen Kohle in einer Explosion aus Rauch und Funken entlud. Die Gäste sprangen zurück, während ich hektisch versuchte, die Flammen zu kontrollieren.

Am Ende hatten wir nur eine leicht verbrannte Ananas – und eine Menge Geschichten für die Zukunft. Seitdem bleibt die Ananas roh.

Grill-Weisheit:

"Ananas gehört auf Pizza – nicht auf den Grill."

Rezeptidee:

Gegrillte Honig-Bananen

Ein Dessert, das einfach gelingt – und garantiert niemanden enttäuscht!

Zutaten (für 4 Portionen):

- 4 reife Bananen
- 2 EL Honig
- 1 TL Zimt
- 1 EL Butter (geschmolzen)
- Optional: Vanilleeis oder Schlagsahne zum Servieren

Anleitung:

1. Die Bananen der Länge nach halbieren, aber die Schale dranlassen.
2. Die Schnittflächen mit einer Mischung aus geschmolzener Butter, Honig und Zimt bestreichen.
3. Die Bananen mit der Schnittfläche nach unten auf den Grill legen und ca. 3–4 Minuten grillen, bis sie leicht karamellisieren.
4. Die Bananen wenden und weitere 2 Minuten grillen, bis die Schale leicht verkohlt aussieht.
5. Die Bananen aus der Schale löffeln und optional mit Vanilleeis oder Schlagsahne servieren.

Guten Appetit!

Kapitel 12:

Grill-Gadgets und Schnickschnack

Von unnötigen Spielereien und echten Lebensrettern.

Die Welt des Grillens bietet viele Erfindungen, die das Leben erleichtern oder spektakulärer machen. Vom Burger-Presser bis zum selbstreinigenden Grill: Es gibt für jeden Grill-Fan das passende Gadget. Doch nicht alles überzeugt, und manche Ideen enden im Chaos.

Der Burger-Presser der Hölle

„Damit wird jeder Burger perfekt!“, sagte mein Freund und drückte die erste Portion Hackfleisch in den neuen Burger-Presser. Doch die Realität war weniger beeindruckend: Das Hack klebte fest, und der Presser war nach dem dritten Versuch so fettig, dass er fast aus den Händen rutschte.

Am Ende haben wir die Patties wieder mit der Hand geformt – und der Burger-Presser wanderte still und heimlich in die Ecke. Perfektion? Vielleicht. Praktisch? Auf keinen Fall.

Grill-Weisheit:

"Ein Gadget ist nur so gut wie der Grillmeister – oder das Fettreserven-Management."

Das sprechende Thermometer

„Dein Steak ist fast fertig!“, rief das Thermometer, das ich in einem Anfall von Technikbegeisterung gekauft hatte. Anfangs war es lustig, doch nach fünf Minuten begann es, alle 30 Sekunden Updates zu geben. „Steaktemperatur bei 53 Grad!“ – „Steaktemperatur bei 54 Grad!“

Die Gäste rollten die Augen, und am Ende schaltete ich das Thermometer ab. Das Steak? Es war perfekt – aber die Nerven lagen blank.

Grill-Weisheit:

"Technik ist hilfreich – bis sie anfängt, dein Leben zu kommentieren."

Der Flammen-Werfer-Spatel

Es war der Traum jedes Grillmeisters: ein Spatel mit eingebauter Flamme, der angeblich alles flambieren konnte. Doch beim ersten Versuch endete die Demonstration in einem kleinen Flammeninferno. Das Fleisch war verbrannt, die Gäste lachten, und der Spatel landete ungenutzt im Schrank.

Am Ende grillte ich mit meinem guten alten Holzspatel weiter – der hat noch nie Probleme gemacht.

Grill-Weisheit:

"Ein Spatel mit Flammen ist cool – bis dein Steak in Rauch aufgeht."

Rezeptidee:

Die Gadget-Pizza vom Grill

Für alle, die denken, dass ein Pizzastein das ultimative Grill-Gadget ist!

Zutaten (für 2 kleine Pizzen):

- 250 g Pizzateig (selbstgemacht oder gekauft)
- 100 g Tomatensoße
- 150 g geriebener Mozzarella
- 50 g Salami oder andere Toppings nach Wahl (z. B. Gemüse, Pilze, Schinken)
- 1 TL Oregano
- Mehl zum Ausrollen

Anleitung:

1. Den Pizzastein auf den Grill legen und den Grill auf hohe Hitze vorheizen (ca. 250 °C).
2. Den Teig in zwei gleich große Kugeln teilen, auf einer bemehlten Fläche dünn ausrollen.
3. Tomatensoße auf dem Teig verteilen, dann Mozzarella, Toppings und Oregano darübergeben.
4. Die Pizzen mit einer Pizzaschaufel vorsichtig auf den heißen Stein legen und den Grilldeckel schließen.
5. Ca. 5–7 Minuten backen, bis der Käse geschmolzen und der Boden knusprig ist.
6. Warm servieren und das Gadget-Gespräch fortsetzen!

Guten Appetit!

Kapitel 13:

Die Kunst des Nachwürzens

Wenn das Grillgut nicht passt, passt die Würze.

Ob improvisierte Marinaden, kreative Gewürzmischungen oder ein beherzter Griff zur Soße – Nachwürzen rettet nicht nur das Essen, sondern auch die Ehre des Grillmeisters. Und manchmal entstehen dabei sogar neue kulinarische Legenden.

Die Würstchen mit allem

Die Würstchen waren... naja, sagen wir mal: langweilig. Ein Gast meinte, sie schmecken wie Wasser mit Fleischgeschmack. Also griff ich zu allem, was ich finden konnte: Senf, Ketchup, BBQ-Soße und eine Prise Chili.

Das Ergebnis? Ein chaotisches, aber überraschend leckeres Durcheinander, das die Gäste begeistert „Grillkunst“ nannten.
Der Nachteil: Die Tischdecke war nach dem Abend ruiniert.

Grill-Weisheit:

"Wenn die Würstchen langweilig sind, mach sie spannend – oder mach mehr Bier auf."

Das trockene Steak

Das Steak war perfekt gegrillt – zumindest äußerlich. Beim ersten Schnitt zeigte sich das Innenleben: trocken wie eine Wüste. Panisch griff ich zur Marinade, goss sie darüber und ließ es ziehen. Ein Gast nannte es „Steak-Suppe“, aber zumindest wurde es wieder essbar.

Am Ende lachten wir darüber, dass ich einen neuen BBQ-Stil erfunden hatte: Steak à la Gulasch.

Grill-Weisheit:

"Ein trockenes Steak braucht Sauce – genauso wie ein schlechter Witz ein Lächeln."

Das Gemüse-Debakel

Das Gemüse sah auf dem Grill aus wie ein Meisterwerk – bis es anfing, durch das Rost zu fallen. Zucchini-Scheiben, Paprika-Stücke und sogar ein Pilz verabschiedeten sich direkt in die Glut. Was übrig blieb, war entweder verbrannt oder halb roh.

Mit einer großzügigen Portion Kräuterbutter und einem Hauch Knoblauchöl rettete ich die Überreste. Die Gäste nannten es „rustikal“, ich nenne es: einen gut gemeinten Versuch.

Grill-Weisheit:

"Wenn das Gemüse fällt, lass die Butter fließen."

Rezeptidee:

Würzige Grill-Dips

Perfekt, um langweiliges oder zu trockenes Grillgut aufzupeppen!

Zutaten (für 3 Dips):

- Dip 1: Knoblauch-Joghurt-Dip
  - 150 g Joghurt (natur)
  - 1 Knoblauchzehe (gepresst)
  - 1 TL Zitronensaft
  - Salz und Pfeffer
- Dip 2: Honig-Senf-Dip
  - 2 EL Honig
  - 2 EL Senf
  - 1 TL Weißweinessig
- Dip 3: Scharfer BBQ-Dip
  - 2 EL BBQ-Soße
  - 1 EL Tomatenmark
  - 1 TL Chiliflocken (optional für extra Schärfe)

Anleitung:

1. Für jeden Dip die Zutaten in einer kleinen Schüssel gut vermengen.
2. Abschmecken und nach Belieben mit Kräutern garnieren.
3. Alle drei Dips in kleinen Schälchen servieren – perfekt, um jedes Grillgericht zu retten!

Guten Appetit!

Ende

„Und am Ende bleibt…“
…der Grill dreckig, die Kohle leer und der Bauch voll. Ein echter Grillmeister weiß: Der nächste BBQ-Abend kommt schneller, als man denkt – und die Geschichten werden jedes Mal besser. Also, schnapp dir deine Zange (die heilige!) und mach weiter, denn wo Rauch ist, ist auch ein neues Abenteuer.

Grillen ist mehr als Kochen – es ist Kunst, Chaos und pure Leidenschaft.

In diesem Sinne: Feuer frei für die nächste Runde – und vergiss nicht, die Würstchen fest im Griff zu haben!

Printed in Poland
by Amazon Fulfillment
Poland Sp. z o.o., Wrocław

45952202R00076